生長の家ヒューマン・ドキュメント選

子供と共に学ぶ

★

日本教文社編

日本教文社

子供と共に学ぶ　目次

装幀　松下晴美

編者はしがき

この「生長の家ヒューマン・ドキュメント選」シリーズは、生長の家の信仰を持つことによって、人生を好転させた顕著な体験をした方々を紹介する小社刊行の月刊誌『光の泉』の「ヒューマン・ドキュメント」をテーマ別に精選編纂したものです。

本書は、特に子供の問題を通して信仰を深め、親自身の魂の成長と共に子供の問題も解決し、幸せを得た体験ドキュメントを中心に紹介しています。本書中の年齢・職業・役職等は、同誌に掲載された当時のもので、記事の初出年月は、それぞれの末尾に明記してあります。本書が、読者の家庭生活の一層の幸福のための導きの書となることを願って止みません。

日本教文社第二編集部

「夫は家庭の中心です」夫婦調和が良い子を育てる

千葉県　主婦　澤頭克子《さわとうよしこ》さん（51歳）

着物店で働いていた頃、ご主人と出会い、婚約時代に生長の家に触れた。結婚して四人の子が生まれ、生長の家の教育法を実践。その時『古事記』を学び、日本人の心の世界の美しさに感動。「夫婦はお互いに拝《おが》み合うことが大切。夫は家の中心」という日本的な家庭教育を試みた。克子さんは夫を立て、子供を賞《ほ》める教育に徹して、明るい家庭を築いている。

午後の日差しが水面に揺れる江戸川の河原を、ゆったりと散歩する夫婦の姿があった。
「今日はしずかな日曜日ね。正司《まさし》（長男）は高校でラグビーに熱中しているし、上の女の子たちもそれぞれ仕事についたり大学に通うようになって、やっと一息というところかしら。こうして幸せに暮らせるのも、お父さんが元気で働いてくれるおかげね」

と、一男三女の母・澤頭克子《よしこ》さんは、傍《かたわ》らのご主人に笑顔で語りかける。一家は六人家族で、長女の広美さんは小学校教師、次女の輝美さんはＯＬ、三女の直美さんは大学二年生、長男の正司君は高校一年生である。

「会社の部下にも話すんだけど、仕事でも家庭でも〝当り前〟の生活に感謝できるようになるのは素晴らしいことだ、って最近思うよね。生長の家を熱心に信仰している母がよく言っていたね、〝当り前のなかに真理がある、普段の生活を大切に〟ってね」

とご主人の洋さん。地方出張が多い洋さんの仕事は、「装いの道」の営業担当常務取締役。この会社は、着物教室で有名な「装道きもの学院」の関連会社である。

澤頭さんの自宅は、ＪＲ馬橋《まばし》駅の近くの閑静な住宅街の一角にあった。

「この家は十五年前に購入したんです。はじめは分譲マンションの申し込みをしたんですが、抽選でハズレ。でも、神様は素晴らしい家を用意して下さっている、今がダメでもきっと後でいいことがあると、主人と話していたんです。そうしたら環境も日当りもいい土地が安く手に入ったんですよ。マイナスと見えることでも、心次第でプラスになると実感しました」と屈託なく笑う克子さん。明るいコトバがポンポン飛び出す。

「夫は家庭の中心です」夫婦調和が良い子を育てる

「お父さんが家族の中心にいて、わが家は幸せです」と語る克子さん（左）。ご主人の洋さん、長女の広美さんと自宅の前で

「わが家はみんな、お父さんが大好き。ふだんは家族に小言ひとついわない人ですから、ここ一番の発言が効果あるみたいですね。私にとっては主人との縁が、生長の家との出会いでしたから、主人に感謝しているんですよ」

生長の家の教育にふれて

克子さんは、高知県中土佐町に七人兄妹の三女として生まれた。二十三歳の頃、適齢期を迎えて見合い話もあったが、「まだ結婚したくない」と思い、東京に嫁いでいた姉を頼って上京、「新装大橋」という着物販売会社に勤めた。

入社四ヵ月後に会社のスキー旅行があり、そこで仲良くなったのが現在のご主人・洋さん。洋さんは、交際し始めて二回目でプロポーズするという手際《てぎわ》よさだった。

「縁は不思議なもの。そして、婚約時代に生長の家を知ることになったんですよ」

当時、洋さんの叔父にあたる山中典士《のりお》さんが同じ会社の支店長として在籍していた。若いカップルは、山中さんに誘われて、生長の家の全国大会に参加。そして翌年結婚。

山中さんは熱心な生長の家信徒で、その後独立し、着物の着付けや礼法などを普及する「装道アイデア」「装道きもの学院」を設立。ご主人の洋さんはその新会社創設に協力することになった。やがて長女、次女が生まれた頃に大阪に転勤となり、そこで『生命《せいめい》の實相《じっそう》』*の輪読会に参加するようになった。大阪では三女が誕生。そして四年後には、再び東京に戻り、長男が誕生。そして千葉県松戸市に自宅を購入した。

長男が三歳になった頃、東京・乃木坂に生長の家の日曜学校である「生命学園」*が開設されていると聞き、克子さんは子供たちを連れて毎週通うようになった。

「そこで勉強したのが、子供を賞《ほ》めて美点を伸ばすという教育法。はじめに親子一緒に学ぶ時間がありました。〝私は神の子です。あなたも神の子です。使命をもって生まれてきました。日本と世界のお役に立ちます〟という標語を親子でいつも朗唱しましたね。それから親子別々に分かれて、子供たちは書道や礼儀作法の勉強、私は色々な講義を聞きました。子供の教育で大切なことは夫婦の調和。そして調和の秘訣は、家庭の中心として夫を立てること……」

克子さんは、日本神話や『古事記』の講義を受け、〝すべてのものには中心がある〟と知った。宇宙には中心があり、古事記にはそれを天之御中主神《あめのみなかぬしのかみ》と記されている。その神様が陰陽に分かれて男と女が生まれた、という内容だ。生命学園でテキストに使われている『生命の根元を培う新しき教育』（谷口雅春《たにぐちまさはる》＊著、日本教文社刊）にはこんな文章がある。

《夫婦というものも本来互いに一つの生命であったものが男性と女性との二つに分《わか》れて、それがもとの一つに結ばれる——これが本当の結婚の結びであり、夫婦である。（中略）互いに相手に宿るところの神の生命なるものを拝《おが》む、その拝み合うところに夫婦の調和も、家の繁栄も、病気しておってもそこから治るのです》

克子さんは、夫婦であることの神聖さを感じ、〝夫を拝む〟という教えを素直に家庭で実践した。その頃毎日「讃嘆《さんたん》日記」というものを書いていて、その日記にはこんな明るい言葉を書き連《つら》ねた。

『私の素晴らしい夫は世界一。お父さんありがとう……』『わが家の子供は無限に伸びる神の子です。明るく素直なよい子です。お母さんはあなたたちが大好きです……』

克子さんはわりと暖気《のんき》なほうだが、ご主人は几帳面《きちょうめん》な性格なので、家の中の整理整頓に気を使った。子供たちが遊び散らかしても、夫の帰宅時間までには部屋をキレイに片付けさせる。また急に会社の部下を連れてきても、サッと接待の用意を整えた。〝父親が中心〟の生活に、子供たちも自然に順応した。育児で忙しいとき、克子さんは自分の両親の姿を思い浮かべた。

「母は優しく信仰に篤《あつ》い人でした。父は厳しい人でしたが、困った人には馬車でも与えてしまったほどで、町の人から信頼されました。母はいつも父のことを讃嘆していたのを覚えていますね。〝あなたたちによい就職話や縁談がくるのは、お父さんのおかげですよ〟というのが口癖で。昔かたぎのオフクロさんという感じ。私もだんだん母に似てきたかしら（笑）」

近所の人々を大切に

十年ほど前から、克子さんは自宅で生長の家の「母親教室」*を開催するようになった。毎月一回、近所の若い主婦が十数人集った。

「この素晴らしい教えを、自分だけのものにしてはいけないと思ったんですよ。人様のお役に立ちたいとも。でも教えを伝えてゆくうちに、私が逆にいろんなことを学ばせていただきましたね」

　その母親教室に、生まれつきの脳性マヒの女の子をもつ母親がやってきた。克子さんは、「障害児さんも〝人間神の子〟ですから、実相*（本来の姿）の生命を拝んであげましょうね」と母親を励ました。そして、一緒に神想観《しんそうかん》*をして祈った。また、「どんなときでも夫婦の調和が第一」と、子供だけでなくご主人を讃《たた》えることの大切さも説明した。すると不思議なことに、毎月会うたびに、少しずつ変わってゆき、母も子も目を輝かせはじめた。その女の子のチエちゃんは、一年ほどで普通の幼稚園に通えるまでに回復した。その後宇都宮市に引越したが、いまでは小学校六年生になり、文通を続けている。

　またあるとき、友人から「中二の登校拒否のお嬢さんが近くにいるから、お母さんを母親教室に誘ってあげて」と言われた。その日のうちに家を訪ね、母親と話をした。

　翌日、買物の途中でその親子に偶然会った。女の子は道端にしゃがみこんでいたので、克子さんもそこに座り込み、左手でその子の手を握り、右手で背中をさすりながら優しく語りかけた。克子さんはその足で、中学校へ向かった。その女の子は長女と同じ中学に通っていたので、わが子のように思えたという。校長先生と担任教諭に会って話をした。「あの子は必ず学校に来ると思いますよ。友達がこわいという恐怖心をもっているようなので、最初が一番大切ですから、登校したら先生とお友達みなで『よく頑張ったね』と賞めてあげて下さいね」と頼んで帰ってきた。

そのあくる日から、その子は学校に来るようになった。長女の広美さんも協力して、一緒に登校したり色々面倒をみて、女の子は無事高校に進学できたそうだ。

父の発言

克子さんは母親教室の開催で、周囲の人々のお世話活動に忙しくなったが、気がついてみると子供たちは天分を発揮していた。高校生になった長女の広美さんは、クラブ活動にも熱心で、なお学年でトップの成績をとった。次女の輝美さんは、小学校の頃はマラソンで後ろから五、六番目だったのが、高校では全校六百名中の十位になったり、成績もグングン伸びた。三女の直美さんは集中力があり、中学生のときには書道三段だった。長男の正司君は、愛敬があってどの先生からも可愛いがられた。

広美さんは子供好きだったので、学校の先生になりたいと大学に進学して教職課程に進んだ。ところが、卒業間近に父親の洋さんは、〝待った〟をかけた。

「教師になることに反対するわけではないが、普通の社会人になったほうがよくないか。憧《あこが》れだけでは通用しないよ。学校というのは世間とはまた別の世界だからね、その覚悟はあるのか」

何度か父と娘のやりとりがあったが、広美さんは父の言葉に従うことにした。

「わかりました。お父さんの言う通りにするわ。一所懸命働いてみますから、でも一年たってもどうしても先生になりたいという願いをすて切れなかったら、私の希望をかなえて頂戴ね」

父と約束して、広美さんは都内の生命保険会社に就職した。

そして一年後、どうしても教師をやりたいと父の許可を得て、会社を円満退社。松戸市内の中学校で教職につくことができた。校長先生からは、「社会人の経験を積んでいるから、よく気がつきますね」と喜ばれたそうだ。

「父の言葉に従って、会社で働いたことが役立ってよかったです。一年間はムダではなかった。お父さんは先見の明があるわ」と、広美さんは父親に感謝している様子。

三学期には生徒たちから花束や寄書きを貰《もら》った、と嬉《うれ》しそう。昨年からは小学校に移り、一年生の担任になり毎日ウキウキしながら学校へ向かう。広美さんは、学校で生長の家で学んだ〝賞める教育〟を実践しており、母と娘の話題はいつも学校の出来事に。
「娘の言葉に感動したことがあるんですよ。白紙の答案用紙をジッと見てこう言うんです。〝お母さん、この子は一応考えたのよ。消しゴムで消した跡があるでしょう。普通の白紙とは違うのよ〟と。名前だけしか書いてないその下に『きれいな字で書けましたね』と書き込んでいました。思わず涙が流れました。いつの間にか娘に教えられるようになっていたんですね」

（平成六年四月号　取材／亀崎昌義　撮影／太田勝久）

＊『生命の實相』＝生長の家創始者・谷口雅春著、全四十巻、日本教文社刊。
＊生命学園＝生長の家の子供のための日曜学校。お問い合わせは、最寄りの生長の家教化部まで。
＊谷口雅春＝生長の家創始者。昭和六十年に満九十一歳にて昇天。
＊母親教室＝生長の家の女性のための組織である「生長の家白鳩会」が主催する母親のための勉強会。
＊実相＝神が創られたままの完全円満な姿。
＊神想観＝生長の家独得の座禅的瞑想法。

障害児の息子に教えられた人生讃歌

東京都　会社役員　茂森《しげもり》　政《まさし》さん（58歳）
和子《かずこ》さん（51歳）

障害を持って生まれた子に、将来は暗く閉ざされて見えた。が、〝明るく楽しく〟と心に光を射し入れたとき闇は消えた。親子、夫婦で切り開いた人生ドラマ――。

「ぼく……こんな遠い学校はいやだ。何でもやるから……ぼく……おうちの近くの学校に行きたいよ」

涙ながらに訴える幼い我が子の言葉に、和子さんは胸を衝《つ》かれた。長男・勇《いさむ》さん（当時五歳）を連れて養護学校の下見に行ったときのことだ。

勇さんは手足が不自由なうえに言語障害を伴う、重度の脳性小児麻痺《まひ》だった。周囲には普通学級への入学を勧《すす》めてくれる人もいたが、和子さんは子どものハンディを慮《おもんぱか》り、夫・政《まさし》さんとともに養護学校への入学を決めていた。だが、何を感じとったのか、本人は自宅から二五〇メートルほどの小学校に入りたいと言い出したのだ。

「その息子のひとことで、普通学級に入れようと決心がついたんです」

二十年余り前を、和子さんはこう振り返った。

生きていたって……

勇さんが生まれたのは昭和四十三年三月のことだった。

出産前、ヘソの緒が首に巻きついたため、生まれたのは陣痛が始まってから三日目だった。体重は三二五〇グラムと人並みだったが、重症の仮死状態で、肌の色はワラ半紙のようだったという。出産翌日には呼吸困難や血行障害のときなどに生じるチアノーゼ症状を起こし、一週間保育器に入れられた。出産時のアクシデントは手足の運動機能に障害を残したが、

「障害児と知らずに乳児検診に行ったんです。最初はよその子と変わらなかったんですけど、体重は増えないし、寝返りはできないしで、だんだん差が出てきました。いま考

えればおかしな話ですが、検診に行く前には一所懸命、ミルクを飲ませました。『体重が増えましたよ』と言ってほしかったんです、とにかく一喜一憂でしたね」

と和子さんはふりかえる。

脳性小児麻痺。そうハッキリと宣告されたのは出産から一年後。親心としては、「なに、ただ発育が遅れているだけですよ」という言葉を聞きたかったが、一縷《る》の望みを断たれた。

「それからはオチ込むいっぽうでした。ウチの子は寝返りもハイハイもできないから、よその子が羨《うらや》ましかったですね。どうしても比較してしまうんです。ノイローゼ状態だったんですね」

庭で洗濯物を干しているとき人が通りかかると、サッと家に引っ込んでカーテンを閉めた。夕方になると子供をオンブしてＪＲ（当時国鉄）八高線の線路が間近に見える場所まで行き、じっと佇《たたず》んだ。

「でも、まわりが嘆《なげ》くだろうなあと思ったら、思いとどまりました。家に帰ってきたら少し欲を出して、どうせ死ぬんならきれいに死にたい。睡眠薬はどうだろう、ガスなら

勇さんからはアメリカでの体験を綴った手紙が届く。イキイキとした文面に夫妻の顔もほころぶ

どうだろう、なんてね」

今でこそアッケラカンとした調子で言うが、その頃は夫・政さんの勤務先にも、「私、もう生きていたって仕方がない」と電話をして手こずらせた。政さんは、日野自動車で一貫してディーゼルエンジンの開発を担当しているが、ただでさえ多忙なところに身も世もないような妻の言葉。家庭と会社の板挟《いたばさ》みになった気持ちは想像に難くない。

だが、何かにつけ「死にたい」と洩《も》らす妻に、夫はガツンと一撃をくらわす。「この子には何の責任もない。そんなに死にたかったら自分だけ死になさい」。捨て鉢な気分で、「私となんか結婚しなければよかったのよ」などと口走ったこともあったが、やがて心の向きを変えるときがくる。

「死ぬに死ねないし、苦しさは続くしで、どうしようもなくなったとき、〝無理して死ななくても死ぬときがきたら死ぬ。悲しんで辛《つら》がって生きていくのも一生。楽しく明るく生きるのも一生。だったら……〟と、考え方が変わったんです。人間、考え方が変わったら行動は凄《すご》いですね。寝返りすら打てない我が子を見て、絶対に歩かせてみせる、と思いましたものね」

あとは訓練しかなかった。和子さんは、家事を二の次にして訓練を優先順位の第一位にもってきた。ハイハイの練習のときは、大好物の桃の缶詰を達成の目標においた。動物の調教みたいで心が痛んだが、少しでも前に進んでほしかったからだ。昨日より前進した畳の目が多いと、それがとても嬉しかったと言う。親が手放しで喜ぶと、その姿を見て、子はさらに頑張る。その繰り返しだった。

二歳八ヵ月の頃になると、東京・板橋の訓練施設に母子とも入った。母子で寝泊りしての訓練は前後三回、数ヵ月に及んだ。その間、一人っ子にしない方がいいとの判断から次男をもうけて兄嫁に預け、政さんは自炊生活を送った。

ハイハイの練習のときだった。ちょうど消灯時間にぶつかった。周囲に気を遣《つか》い、和子さんは目標の距離を縮めた。すると、勇さんは、元に戻せとばかり不自由な体で精一杯主張したという。

歩行訓練の場合、今日一歩が明日三歩というようにはいかなかったが、手足と言語の機能訓練には成果があがった。

まさか……

勇さんが普通学級に入るには、和子さんの介助が条件だった。勇さんが使いやすい特製の机を持ち込み、お昼は高学年用の給食を食べての介助だった。すでに長女も生まれていたため、和子さんは長女をベビーホームに、次男を保育園に預けてから勇さんの手をひいて学校に通った。

勇さんは左手しか使えなかったが、その集中力が並外れていた。セロテープで固定したノートに、一字十秒もかかることもあったが一心に文字や数字を書いた。級友は初めのうちこそ、母子を奇異な目で眺《なが》めていたが、じきに打ちとけた。三年生ともなると、勇さんは車のついた先生用の椅子を〝いさむマシーン〟と呼び、それに乗って体ごと友だちにぶつかるような手荒な遊びも覚えた。

小学五年のときに、勇さんはこんな詩を書き、作曲家が曲をつけて音楽大学のコーラス部によって歌われた。

「あじさいはおんなのこだ／あじさいのこいびとをしっているかい／あじさいのこいび

と／それはあめだ／だからあじさいは／つゆどきになるとうつくしいはなをきかざっているのだ／あじさいのいろがかわるのはそのせいなのだ」

中学も普通学級に進むのは当然の成りゆきだった。政さんが言う。

「普通の中学に入れただけでも大満足なのに、ワンダーフォーゲル部に入ると言い出したんだから驚きました」

当初は地図の上の山登り体験だったが、あまりの熱心さに、担任でワンゲル部顧問の心が動いた。和子さんと交替でオンブして山登りをさせようというのである。こうして、北岳など奥多摩の山は殆《はとん》ど登った。積極性は学業面でも発揮された。文字や数字を書くのに級友の三倍かかってしまうため試験では思うような点はとれなかったが、学業差はそれほどつかなかった。

「試験では口惜《くや》しい思いもしたんです。答案用紙を返された日はフトンをかぶって泣いてましたから。でも今考えれば口惜しさがバネになってよかったですね」

その後、勇さんは都立高校を経て、拓殖大学商学部経営学科情報コースに進学。二年生までは地元八王子のキャンパスに通ったが、三年生からは東京・文京区小日向《こひなた》のアパートで自炊しながらの通学となった。勇さんの頑張りに刺激を受けたのか、和子さんはネットワークビジネスの仕事を始めた。

「その頃なんですよ。仕事の仲間から『とてもいい話が聞けるから』と会合に誘われたのは」

その会合が生長の家の信徒の集いだった。いい話とだけ聞いて出かけたら、いきなり出迎えた人に合掌され、「ありがとうございます」と礼拝されてしまった。が、抵抗はなかった。

「小さい頃、両親が『白鳩』*を読んでいるのを見ていましたし、家には『生命の實相』が揃《そろ》っていました。子供の頃を思い出して〝これは心の勉強をしなさい〟ということだなと思って、入会したんですよ」

素直に入会したのはよかったが、家に帰ったら政さんに反対されると思い、〝しまった〟という気持ちもあった。というのは、政さんはそれまで勇さんの体のことでさまざまな宗教団体から勧誘され、ことごとく門前払いをしてきたのだった。「いい話って何だった」と聞かれ、おずおずと答えると〝まさか〟と思う言葉が返ってきた。「そうか、生長の家はいい。月に一回くらいは、いい話を聞きに行ったら」。そして、付け加えた。「仏壇の抽斗《ひきだし》を見てごらん、『甘露《かんろ》の法雨《ほうう》＊』が入ってるはずだから」

抽斗の中からはボロボロに擦《す》り切れた『甘露の法雨』が出てきた。じつは政さんの両親が生長の家の熱心な信徒で、中学生の頃、生長の家本部＊（東京・原宿）に連れて行ってもらったことがあったのだ。昭和四十一年の結婚以来、生長の家を話題にすることはなかったが、期せずしてたがいに縁があったことを確認し合ったのだった。

我が子は神様

「子供の頃、毎朝親からは『〝よきことばかりがくる〟と思いながら学校に行きなさい。人に会ったら笑顔で挨拶《あいさつ》しなさい』と教えられました。だからいつの間にか、私も主人や子供を送り出すとき、〝今日も一日、明るく楽しい一日でありますように〟と祈るのが習慣になっていました。生長の家にもっと早く入会していればと思うこともありましたが、時機というものなんですね」

和子さんは爽《さわ》やかな口調で言う。

入会から半年足らずで和子さんは生長の家のラジオ放送「幸福への出発」*に出演した。録音前、カゼをひいて咳《せき》が止まらなかった。切羽詰《せっぱつ》まった和子さんは録音の注意事項を書いた紙の裏に、「神様ありがとうございます。谷口清超先生《たにぐちせいちょう》*との対談はとてもよくできました。咳が出ずによかったです。ありがとうございます」と書いて録音に臨《のぞ》んだ。二十分の録音中、一度も咳が出ず、生長の家の教えは凄《すご》い、と思ったと言う。

生長の家に出会った和子さんは、勇さんが下宿している文京区のアパートを一週間に一回訪ねるたびに、その教えをさりげなく伝えていった。

たとえば、アメリカ留学を夢みる勇さんのために、「私はすばらしい人間です。私は〇〇年までにアメリカの〇〇大学に留学し、〇〇を学びます」と書いた紙を貼り出した。言葉の力によって夢がすでに実現したさまを心に思い描くようにするためだ。

あるとき、和子さんは勇さんの部屋のコタツでうたた寝をしてしまったことがあった。勇さんは、「明日の朝、皆のお弁当を作らなきゃならないんだからもう帰った方がいいよ」と紅茶を淹《い》れてくれた。帰りがけ、勇さんは「ぼくは不自由な体に生まれてきたことに心から感謝しています」と頭を下げた。鼻っ先がジンとなるのをおぼえ、「手足が利かないのに何で感謝できるの」と聞くと、「できなかったことができるようになる喜びを一つずつ味わえたから」と答えた。

茂森夫妻は勇さんが挑戦すると言い出したことは、水泳、柔道、剣道、スケート、スキー、テニスと何でも挑戦させてきた。そのことへの感謝を、今たどたどしい言葉で伝えようとしているのだった。〝この子のお蔭で心が明るく変われた〟と思っていた矢先だけに、「お母さんも感謝しているわよ」と言っただけで、あとは言葉にならなかった。

「我が子だけど、神様みたいね」

和子さんは少しのケレン味もなく言った。

大学卒業後、勇さんはアメリカの短大を経て、世界から俊秀《しゆんしゆう》が集まるUCB（カリフォルニア大バークレー校）コンピューターサイエンス専攻コースに進学した。アパートに下宿しながらの留学生活を送り、学業のかたわら犬ぞりツアー、水上スキー、川下りにも挑戦してきた。バークレーの町が比較的、障害者に対して開放的なことも幸いしたのだろう。現在は電動椅子のサッカーチームのリーダーを務め、ロック・クライミングにも挑戦するつもりでいる。そんな息子を政さんはこう話す。

「もう自分を障害者とは思っていないみたいですよ。ぼくは固定観念にとらわれず、何事も前向きにプラス思考でいく息子には逆に教えられました。健常児だけを我が子にもった人生もありますが、ぼくは試練ではなく、自分の魂を磨くためのチャンスだったと思っているんです」

息子からの贈り物

政さんは退職後は和子さんのネットワークビジネスを手伝うことにしている。ある夢を実現するためだ。

「息子が留学したとき住む所に苦労しました。だから、障害のある子供たちを受け容《い》れるための寄宿舎をアメリカに建てたいんです。ぼくは子供を家内に任せ、好きな仕事に没頭できた。その恩返しの気持ちもありますしね。じつはぼくも若い頃はアメリカに留学したかったけどそんな時代じゃなかった。これからは第二の人生の始まりです。息子はそのドラマまで用意していてくれたんですね」

政さんは生長の家の教えのとおり、夢がすでに実現している姿をありありと描くことにしていると言い、「ええ、寄宿舎は必ず実現しますよ」と力みなくあっさりと言った。

夫妻は毎朝、ともに『甘露の法雨』を読誦《とくじゅ》する。当初は途中で政さんがつかえていたが、和子さんが〝主人に合わせよう、全面的に任せよう〟と思ってからは声が揃ってきたという。

撮影のため車でJR八王子駅前の商店街などを回った。和子さんは終始、政さんのかたわらにつき従っていた。勇さんは周囲に多くの無形のものを与えてきたが、夫婦の調和もそのなかの大きなプレゼントのひとつかもしれない。

（平成七年七月号　取材／奥田益也　撮影／桜井永治）

＊『白鳩』＝生長の家の女性向けの月刊誌。
＊『甘露の法雨』＝宇宙の真理が分かりやすい言葉で書かれている、生長の家のお経。
＊生長の家本部＝生長の家の布教、伝道の中央拠点。（東京都渋谷区神宮前一―二三―三〇　電話〇三―三四〇一―〇一三一　FAX〇三―三四〇一―三五九六）
＊「幸福への出発」＝毎週日曜日（一部は土曜日）の朝、全国各地で放送されている生長の家のラジオ番組。お問い合わせは、最寄りの生長の家教化部、または、生長の家本部まで。巻末の「生長の家教化部一覧」「生長の家練成会案内」を参照。
＊谷口清超先生＝生長の家総裁。

賞める子育てが親子の強い絆を生んだ

滋賀県　山中《やまなか》　豊《ゆたか》さん（76歳）

生活との闘いに疲れ、人知れず涙することがあった。子供たちの親を想《おも》う心に胸を締めつけられることもあった。が、徹底した讃嘆子育ては八人の子を人生の輝く大海に送り出した。

昭和三十二年、冬――。

滋賀県草津市の農家の玄関先で、四十がらみの男は広げた反物を風呂敷に包みながら、「残念ですなあ。今度は変わった新柄をもってきますさかい、こりんと見たってください」と、愛想笑いを顔いっぱいに浮かべて言った。

戸外に出ると、月の光が荷物を荷台にくくりつける男の影を短く引いている。男の腹がクーと切なげな泣き声を立てた。腕時計をのぞくと、深夜零時半。

〝売れなんだか。大津の家に帰ると女房と七人の子供がワシの稼ぎを待っとるというのに。どうしたものか……〟

打ちしおれて立ち尽くす男の頬《ほお》に一条の涙がつたった。それを振り払うように、男は勢いよく単車に飛び乗った。

「ワシが泣いとってどうするんや」

男は単車を駆《か》りながら大声で歌い出していた。

「心は明るく素直に持とう　春の花咲く野原のように……」

小一時間かけて自宅にたどり着くと、玄関にうっすらと灯りが洩《も》れていた。荷物を解いていると、鈴《りん》の音とともに妻の読経《どきよう》の声が聞こえてきた。

「まだ、起きとってくれたんか」

男の顔に驚きの表情が浮かび、生気が広がっていった。そして、真一文字に口を結ぶと、凍《い》てつく空を見上げ、何度も頷《うなず》くのだった。

「そのときにね、〝どんなことがあっても幸せにせずにおくもんか〟とね、決意したんですワ」と、山中豊さんは三十数年前を振り返った。

出会い

山中さんは大正五年九月、滋賀県坂田郡大原村（現山東町）に、三男四女の次男として生まれた。小学生の頃から読書家で、英雄伝や偉人伝の類を読み耽《ふけ》ったという。それは〝立派な人間になるんだ〟という少年らしい野心からであった。

学業成績は優秀であったが、中学には進学せずに、尋常小学校高等科卒業後、京都の呉服問屋に丁稚《でっち》として入社した。親に仕送りして喜ばせたい一心からで、中学進学を泣く泣く諦《あきら》めたというのではなかった。

京都で五本の指に入る老舗《しにせ》の呉服問屋では、朝五時から百四十人ほどの社員の飯炊き、掃除、荷造り、洗濯、使い走りなどの雑用に追い回され、独楽鼠《こまねずみ》のように働き詰めだったという。十二、三歳の少年には辛《つら》かったろうが、それを支えたのは、〝日本一の実業家になるんだ〟という将来に賭《か》けた夢だった。

呉服問屋に五年八ヵ月勤めた後の昭和十二年、山中さんは敦賀《つるが》歩兵第十九連隊に入隊するが、このとき手もとに残った積立金は退職金、餞別《せんべつ》金を含めて合計七百二十四円九

「子供たちが善いことをするたびに、この貯金箱に10円入れてね」と嬉しそうに語る山中さん

十四銭。うどん十銭、銭湯二銭の時代の話だが、山中さんはその全額を両親に渡して入隊したのだった。

入隊後、山中さんは中支を転戦することになるが、そのとき戦死を遂げた戦友の遺骨百二十三柱と帰還した。さらに、陸軍航空士官学校に学び、十九年に卒業。卒業後は大津陸軍少年飛行兵学校に教官として赴任し、大津市で下宿生活を始めた。

下宿先には四人の娘がいたが、長女だけは朝四時には必ず起きて火鉢に火をおこし、お茶を淹《い》れてくれた。楚々《そそ》とした物腰に、山中さんは「行儀のいい娘さんだなあ」と感嘆した。その娘さんはいつも黒表紙の本を熱心に読み耽《ふけ》っていた。そのひたむきな姿を見ていた山中さんは、飾り棚に置かれていた本の頁《ページ》を開いてみた。そこには強烈な吸引力があった。

「それが『生命の實相』でした。それまで私の人生には現象の世界があるだけだと思っていたのが、その奥に完全円満の実相世界があると教えられたんですからね。それは驚きました。『生命の實相』には、人間は神の子であって、肉体はないと説かれていて、肉体はないからいっさいの病なし、不幸なし、罪なしと教えられました。なんでももっと早く生長の家の教えと出会わなかったのか、それが悔《く》やまれたくらいに感激しました。あれで暗黒思想がパッと消えてしまいましたね」

山中さんはいつしか下宿先の娘さんと額を寄せ合うようにして『生命の實相』を読み耽るようになる。やがて、二人はたがいを生涯の伴侶《はんりょ》として深く意識するようになり、終戦間もない昭和二十年九月、結婚した。その娘さんが山中さんの妻、いしさん（74）である。

賞《ほ》める子育て

山中さんは、いしさんを通して生長の家に出会ったが、いしさん自身は教えとの出会いをこう語る。

「私は九人きょうだいの一番上なんですが、弟四人がぜんぶ亡くなり、妹一人も亡くしました。私自身も病気になって、また親を悲しませるのかと、親と泣いて暮らしてたんです。なんで自分だけがこんな不幸になるのかと思いつづけていました。そんなとき近所の小母《おば》さんから『生命の實相』を読むように勧《すす》められたんです。人間は神の子と書かれていて、もう、一行、一行、泣けて泣けて。求めていたものに出会えたと思いました。それに『甘露の法雨』には『神に感謝しても父母《ちちはは》に感謝し得ない者は神の心にかなわぬ』とありますでしょ。ああ、自分は父に感謝していなかった。それが私の病気になった真実《ほんとう》の原因だったって気づいたんです。親に感謝するようになったら、パッと心が明るくなりました」

いしさんは時折り、声を詰まらせながら語った。

結婚後、いしさんの実家で一年半暮らした後、夫妻は四畳半と六畳二間のバラック建ての家に転居した。

「結婚したときは、陰で『いつまで続くやろか』と言われたもんですワ。無理ないんです。なにせ無一物からの出発でしたやろ。しかし、私ら生長の家の教えに触れとったし、希望をもっとったですワ。私、戦場で戦友が『あとの日本を頼んだ』と言い残して息を引きとっていったのを忘れられんのですワ。ですから、私は将来の日本の国づくりには子育てしかない。それにすべてを賭《か》けようと決心したんです。世の中は闇屋が横行していて、私の考え方は『これからはそんなことであくかい』と否定されましたが、私は金儲《もう》けより子育て優先や、と思ったんですよ」

山中さん夫妻は次々に子宝に恵まれた。そのぶん糊口《ここう》をしのぐため、山中さんも身を粉《こ》にして働いた。旧軍人を集めて農地の開墾をした後は、京都にある母方の叔父が経営する呉服店に常務取締役営業部長として勤務、関西、四国を中心に駆け回った。が、一年半後、会社は倒産。

倒産の憂き目には遭《あ》うが、ツキもあった。子供の服を買いに寄った織物会社で社長と立ち話をしていて忽《たちま》ち意気投合、その場で秘書として採用になった。が、この会社は一年間で退職した。

「いゃあ、熊本から京都見物にきてた奥さん連中に呼び止められて『銘仙《めいせん》見せて』と言われたもんやから、問屋から持って来て見せたらその場で、パタパタッと四、五反売れてしもたんですワ。私の一ヵ月分の給料より有利ですやろ。こら子供ら育てていくには独立せないかんとね、思たんです」

店なし、資金なし、またしても無一物からの出発。昭和二十七年のことである。このとき、山中さん夫妻には、長女・公子《きみこ》さん（46）、次女・真理子さん（44）、三女・千枝子さん（42）、長男・光生《みつお》さん（41）と、四人の子がいた。生活していくには、少しでも実入りのよい独立を、と考えたのも無理はなかった。

道で会ったら、犬にでも頭を下げなければならない。いや犬どころか電信柱にさえ挨拶をしなければならない。それが呉服の行商というものだ、と山中さんは周囲から教えられた。が、将校上がりの山中さんに、そんなことができるはずもない。山中さんの商法はあくまでも無骨《ぶこつ》そのものだった。

毎朝四時に起きて水をかぶり、仏壇に手を合わせると、いしさんに「売れるまでは帰って来ん。夜中の十二時まで頑張るぞ」と宣言して家を出た。そして他の呉服店のセールスが八時間歩くところ、十五時間かけて回った。また、他が五、六反の反物から一反買ってもらおうとするのを、こちらは三十反、五十反と単車に積んで回った。器用な売り口上は無理なので、「目の正月をしてください」と客にたっぷり時間をかけて品定めをしてもらった。夜十一時を過ぎると客の家に反物をすべて預けて帰った。

高価な反物が羽根が生えて飛ぶように売れるはずもない。売れずに気持ちが屈託《くったく》することもあったろう。大変でしたね、と訊《き》くと、

「そらもうね、泣きとうなるような切ないときもありましたワ。よう病気せんかったのが不思議です」

仕事で汗を流すいっぽう、山中さん夫妻は子育てに全力投球した。それは『生命の實相』から学んだ讃嘆教育というべきもので、赤ちゃんのときから徹底していた。赤ちゃんにオシッコをさせるときは、「私は神の子、仏の子、いつも素直でハイハイハイ」「ちゃんとオシッコをしてくれた。ありがとう。素直ですね。善い子ですね」と声をかけた。山中さんは子供たちに「素直な子だ」「善い子だ」を一日、何十回も囁《ささや》きかけては感謝し、讃嘆した。

親と子

山中さんの賞《ほ》める子育てにも、黄信号が点滅したことがあった。

昭和三十一年八月のことである。家路を急ぐ山中さんの呉服を満載した単車が、大津市街の交差点で四輪車に側面から衝突されてしまったのだ。

山中さんはパトカーで日赤病院に担ぎ込まれたが、頭部の打撲その他で翌朝まで意識不明に陥った。意識が回復し、手足を動かせるようになった山中さんが、いの一番にしたことは、売掛金の送金依頼状を書くことだった。もし、自分に万一のことがあったら、妻と六人の子、そして、お腹の中にいる子は途端に路頭に迷ってしまう、と考えてのことだった。その頃には次男・雅和《まさかず》さん（39）、四女・貴子《たかこ》さん（37）も加わり、いしさんのお腹では五女・恵美子さん（35）が誕生を待っていたのである。

勝手な依頼のようではあったが、生死の境をさ迷った山中さんも必死だった。

送金依頼状の末尾には、こうしたためられてあった。

七人の

子を　看るために　只　祈る

今一度は

起たしたまへと

ゆたか

幸い山中さんは五十七日目に退院することができ、売掛金も続々と送金されてきた。なかには月賦で購入しながら全額送ってきた人もいた。無骨な武家の商法も、その誠実な心は通じていたのである。

交通事故前後は生活的に苦しいピークであった。困り果てた山中さんは止むなく父親に借金をしに行った。が、父親の言葉は、「男は依頼心があったらうだつがあがらんぞ、親も兄弟もあると思うな。二度と来るな」というものだった。

山中さんはそのときのことを、こう振り返る。

「親の言うことは絶対と育てられたから、返す言葉はなかったけど、胸の中は張り裂けそうでしたワ。こちらは入隊してからも金を仕送りしてましたからな。〝それでも親か〟と泣きながら帰りました。だけど、親父は心を鬼にしとったんでしょうね。獅子が仔《こ》を千尋《せんじん》の谷に落とすような気持ちだった思います。一度貸したらまた泣き言を言うと分かっとったんです。親父は四十年間、小学校の教師をしましたが、真の教育者でした」

苦しい生活の中でも子供たちはノビノビと育っていった。「きょうだいの多いことでからかわれたりせんか」と子供に訊《き》くと、「皆んな羨《うらや》ましがってるワ」と元気な声がハネ返ってきた。寒い日に「ストーブを買《こ》うたろか」と言うと、誰れかが代表して、「人間神の子、ストーブ必要なし」と大声をあげた。こんなこともあった。ピアノの売り込みに来た楽器店の主人が粘っていっこうに帰ろうとしない。そこに小学生の四女・貴子さんが「通信簿、上がったよ」と転がり込むように帰って来た。実は山中さんは貴子さんに「今一つしかない5が四つになったらピアノ買うたるよ」と約束していたが、貴子さんは約束通りの通信簿を手に帰ったのである。山中さんがピアノを買ったのはいうまでもない。

ところで昭和三十五年六月、四年生になった長男・光生さんが、突然、新聞配達を始めた。キッカケは家の米ビツの中の心細さであった。光生さんは「ヨシッ、米がたんと買えるよう、ぼく明日から新聞配達するねん」と新聞専売所に駆け込んだのである。そんな兄の姿を見ていた雅和さんがこれにつづき、そして、「弟たちだけにさせるのは可《か》哀相《わいそう》」と三人の姉も親に内緒で配るようになっていった。

昭和四十年になると、姉弟七人が毎朝五時に起き出し、軒下のコンクリートの上に薄べりを敷き、折込みチラシを挿《はさ》むのが日課となった。

「お父ちゃんお母ちゃんは、毎晩おそくまで気張ってはるのやで、起こさんようにしょな」という長女・公子さんの注意を聞きながら、それぞれが自分の受け持ちの部数を抱えて外に消えていった。山中さんはとても寝ておれず、寝たふりをして襖越《ふすまご》しに様子を窺《うかが》っていた。

「何で寝てられますかいな。子供らが朝早よからハアハアと手に息吹きかけながらやってるんです。何でウチの子だけ雪の中に出ていかんならんのか、と悲しくなることもありました」

山中さんは感慨無量の表情だ。

子供たちは月末になると、二千円、三千円と金の入った袋を封を切らずに、「お父ちゃん、これ給料や」と手渡した。この新聞配達は八年間、一日も休むことなく続けられ、『産経新聞』に紹介されたこともある。

雪の今朝も新聞配達にいでゆける　子等見送れり拝がみにつつ

その頃の山中さんの一首である。

陰極陽転

新聞配達と踵《くびす》を接して、山中さんは「神の子賞《ほ》められ貯金」を始めた。子供たちが善いことをするたびに、それぞれのプラスチック製の貯金箱に十円玉を入れてあげるのである。「お父ちゃんの靴を磨《みが》いてきました」「急に出かけるとき靴が奇麗だと気持ちがいい、ありがとうハイ十円」「時計のネジを巻いてきました」「やあ、ありがとう、ハイ十円」といった具合である。

こうして五百円入る貯金箱が二つ満杯になると、二人が代表して電車に乗って銀行まで預けに行った。

「神の子賞められ貯金」は八年間つづき、塵《ちり》も積もればの譬《たと》えどおり、総額五十六万円に達した。その金は昭和四十五年に建てた現在の自宅の建築資金の一部に充《あ》てられたという。

高校を卒業した娘たちは着付けの技術を習得し、きもの教室を開くなどして山中さんを助けていった。その頑張りによって、昭和五十年十二月、大津のナカマチ商店街に「きものの山中」がオープンした。行商二十数年にしての店であった。〝店はお客様のためにある〟という商道精神と、子供たちの協力によって店の業績は着実に伸びていった。

しかし、昭和五十九年二月、経営は俄《にわ》かに暗転する。夜間は不在の店は盗難にあい、高級呉服ばかり百反、売り値にして千五百万円相当の被害に遭ったのだ。その後しばらく店をつづけるかどうか迷ったが、店の働き手だった四女、五女の結婚を機に六十年に閉店した。

永年かけて折角《せっかく》築き上げたものを一日にして失う。大きなショックに違いないが、目の前の山中さんは意外にサバサバしている。

「生長の家では『陰極《いんきょく》は必ず陽転《ようてん》する』と教えていますが、たしかにそのとおりで、私の人生にもいろいろなことがありましたが、致命的な打撃にならんのですワ。却《かえ》って結果はよくなるんです」

仕事の第一線こそ退いたものの、山中さんは生長の家の会合で講師を務め、自由闊達《かったつ》に飛び回っている。

「講師として講演すると、逆にこっちが磨かれるんですワ。もう嬉しい嬉しいで、ワクワクするような毎日です。有難いことです。それに私、最近のことなんですが、これまで四十七年間も赦《ゆる》せんかった人を赦せたんですワ。この人は自分の業《ごう》を消して済度《さいど》するために現われた観世音菩薩《かんぜおんぼさつ》やったんかと思えるようになったんです。この悟りの鈍い私を神様は愛してくださって、気づかせてくれたんです。赦して和解したとき神が顕《あら》われるいうのは本当ですワ。それから私、笑顔になってきましたもんな。子らも皆一人前になって活躍しとるし、ホンマ有難いことですワ」

山中さんは心底嬉《うれ》しげに一気に話した。

考えてみるならば、山中さんが生長の家の講師として活躍するようになったのは店を閉じてからである。ならば、盗難も陰極陽転でよい結果を導き出してくるのじゃないか。してみると、泥棒さんもあながち無駄な存在ではなかったのでは、とつい口を辷《すべ》らせると、「ふん、ふん。そういうことも言えるかもしれませんワ。陰極は必ず陽転するんやさかい。泥棒かて何か教えてくれてるのかもしれんワ」と、真顔で言った。

取材を了《お》えて大津駅まで車で送ってくれた山中さんは、記者が求める前に飛びつくように両手で握手してきた。

(平成五年四月号　取材／奥田益也　撮影／中橋博文)

言葉を話さない四歳の息子は親の心を映していた

宮城県　会社員　三浦《みうら》　力《つとむ》さん（42歳）

結婚して婿《むこ》養子に入ったが、義父と対立、子育てに追われる妻とも衝突した。育児は妻に任せきりで、三歳になろうとする次男の言葉が出ないのを妻のせいにしていた。が、やがて事の重大さを知り、次男を治そうと懸命になったとき、「治さなければいけないのは自分の心だ」と気がついた。

もうすぐ三歳になるのに、次男の幸二君は、一言も喋《しゃべ》れなかった。声は出ても「アー」とか「ウー」とかしか言えず、満足に言葉にならない。笑うこともなかった。三浦力さんは、妻の富子さんから幸二君の様子がおかしいことを聞かされていたが、六歳離れている長男も遅かったので、そのうち話し始めるだろうと思っていた。

富子さんは、心配になって幸二君を病院へ連れて行き、脳波などを検査してもらった。結果は「異常なし」で、安心はしたものの、平成二年の秋、母子センターで行なわれた三歳児検診のとき、幸二君と同年齢の子供の口から様々な言葉が飛び出すのを見て、再び心配になってきた。保健婦は「三歳六ヵ月にしては、あまりに言葉が少ないですね」と首をかしげた。その話を富子さんから聞いた三浦さんも、次第に心配になってきた。

〝どうしてうちの子だけが……〟

三浦さんは、二十九歳の時に結婚し、養子に入った。だが義父母との同居生活は、束縛されているようで窮屈《きゅうくつ》だった。三浦さんは実兄の経営する塗装店で働いていたが、休日の朝などにゆっくり眠っていると、義父から「お天道様《てんとうさま》が出ているのに、いつまで布団にもぐってんだ！」と叱《しか》られた。また、行き先を告げずに外出したりすると、あとで小言を言われた。

「私は自由気ままに育てられたものだから、あれこれ指図《さしず》されるのがイヤだったんです」

富子さんは親と夫との板挟《いたばさ》みになり、神経をすり減らした。最初はそんな妻を気遣《きづか》い、

言葉を話さない四歳の息子は親の心を映していた

次男の幸二君（中央）、次女の愛ちゃん（右）とくつろぐ三浦さん

我慢していた三浦さんも、二年目についに不満が爆発し、昭和五十八年に、生後九ヵ月だった長男を連れて一家三人で家を飛び出した。

家から車で数十分のところにある実兄の所に身を寄せたあと、近くに家を借りて移った。翌年に長女が、そして三年後に幸二君が生まれた。富子さんは三人の子育てに追われた。交流のなくなった実家に応援を頼めないだけに、夫の手助けがほしかったが、夫は仕事から帰って来ると、晩酌をしてさっさと横になってしまう。育児の苦労を訴えると、「お前の要領が悪い」と夫は怒った。

「家内の行動をいちいち批判するようになっていました。義父から縛《しば》られていたように、私も家内を縛っていたんです」

富子さんが、幸二君の言葉が遅いのを心配しはじめたのは、その頃だった。富子さんは、保健婦の勧《すす》めで、幸二君とともに近所の障害児施設に通いはじめた。施設では親子が一緒に遊びながら、子供に言葉を語りかけるように指導された。富子さんは自宅でもそれを実践したが、絵本を読んで聞かせようとすると逃げ出し、ブロックを組み立てても足で蹴飛《けと》ばした。三浦さんも努めて息子に言葉をかけるようにしたが、いくら話しかけても、幸二君は顔を背《そむ》け、目を合わせようとしなかった。

保育園に入ってからも、状況は変わらなかった。幸二君は誰とも遊ばず、いつも集団から一人ポツンと離れていた。三浦さんが仕事の合間に保育園に顔を出すと、園児たちが「おじさん」と言って寄って来た。幸二君は父親の顔を見ても、無表情のまま動かなかった。〝どの園児たちも無邪気にさわいでいるのに、どうしてうちの子だけが……〟と三浦さんは思った。

「仕事中も幸二のことが頭から離れなかった。現場近くの公園などで、子どもたちが元気に遊んでいるのを見ると、うらやましくてね」

仕事に集中できず、よく失敗をするようになった。現場の玄関先に大きな脚立を置き忘れたり、過《あやま》って塗料缶を蹴飛《けと》ばして、人の家の庭にペンキをぶちまけたりした。家に帰ると、幸二君のことで夫婦は言い争った。

三浦さんは、幸二君を普通の小学校に入学させたかった。そのためにも話せるようにしたかった。が、どうすればいいのかわからなかった。

〃転倒妄想〃を去る

暗闇の中で、わずかな希望を見出したのは、実兄から手渡された『生命の實相』第一巻を読んでいる時だった。そこには「転倒妄想《てんどうもうぞう》を去れば、あらゆる人生苦は消える」ということが書かれてあった。「転倒妄想」とは、神の子で完全円満である人間の本当の姿を見ず、人間は単なる不完全な肉体にすぎないと見ることだと説明されてあった。

「兄は一年ほど前に生長の家にふれていたんです。その本に書かれてあるとおり、人間は神の子ですばらしい存在なら、幸二もきっとよくなるはずだと思って、この教えに賭《か》けてみる気になったんです」

その後、生長の家の講師から個人指導を受けた。講師は先祖供養をするように言った。三浦さんは〃先祖ではなく子供を治したいのに〃と思ったが、講師に「御先祖様と私たちの関係を一本の木にたとえるなら、先祖は根であり、親は幹、子は枝葉。根を切られたら、幹や枝葉も枯れる」と教えられ、納得した。

三浦さんは、その日から、指導されたとおり、仏壇の前で聖経《せいきょう》『甘露の法雨』を誦《あ》げるようになった。

〈このお経を誦げれば、幸二はきっと良くなる〉と信じて、どんなに仕事が忙しくても朝晩二回の聖経読誦は欠かさなかった。しかし、一ヵ月が過ぎても、三ヵ月が過ぎても、幸二君の様子に変化は見られなかった。

「『甘露の法雨』を誦げている時は、『人間は神より出《い》でたる光なり』とか『まことの人間は……病にかかること能《あた》わず』などの言葉に感激して、〝幸二も本来はすばらしい神の子〟と思えるのですが、誦げ終わって、現実の姿を見ると、元に戻ってしまうんです」

〝転倒妄想〟はなかなか去らず、そのうち聖経読誦にも力が入らなくなり、『生命の實相』を読んでも、感動することがなくなってきた。

「そんな時、兄が生長の家の一泊見真会《けんしんかい》*に誘ってくれたんです」

聖経読誦を始めて半年ほど経《た》った平成四年の夏だった。三浦さんは、会場である生長の家宮城県教化部*に足を踏み入れた時、建物の中がとても明るいと感じた。「照明のせいかなと、思わず天井を見上げたんです」

職員から「ありがとうございます」と笑顔で出迎えられ、明るいのは照明ではなく雰囲気なのだと気付いた。そのあとで聞いた講話では、親に感謝することの大切さを教えられた。

「話を聞いていると、実の両親や義父母の顔が浮かんで来てね。いまの自分がそうであるように、親も子育てに苦労したにちがいないと思えてきて、感謝が足りなかったと気付いたんです」

義父母とは音信不通のままだった。厳しい顔しか思い出せなかったが、その厳しさは、自分を縛り付けるためではなく、いい婿《むこ》になってほしいという親心だったのだと思えた。

現象に捉《とら》われない

見真会を境に、『甘露の法雨』を誦《あ》げる時の三浦さんの気持ちが変わった。「幸二を治すため」という思いは、御先祖様、両親、妻、子供たちへの感謝になった。毎回誦げるたびに、『神に感謝しても父母《ちちはは》に感謝し得ない者は神の心にかなわぬ』という言葉が胸に響いた。また、教化部で感じた〝明るさ〟が、家庭に欠けていたことを知り、笑顔と明るい言葉を心がけた。

しばらくして、一家は海の見える高台の家に引っ越した。妻の富子さんが、そのことを実家に知らせると、両親はすぐに新居に訪ねてきた。そのとき義父は三浦さんに「たまには顔を出してくれないか」と言った。

「それからは、月に何度か家内と一緒に両親を訪ねるようになりました。ちょっと間があいてしまうと、催促の電話がかかってくるんです。有難いですね」

幸二君の問題は、神様にお任せしようと決めたので、気にならなくなった。その頃から仕事上の失敗もなくなった。

やがて季節は秋を迎えた。長期の仕事が入り、県外に一ヵ月ほど出張した三浦さんが帰宅した時のことだ。長男の匡勝《まさかつ》君が玄関に飛び出してきた。

「幸二がしゃべったよ！」

三浦さんが駆け寄ると、幸二君の口から「お父さん」という言葉が出てきた。そのほか「お母さん」「お兄ちゃん」「お姉ちゃん」とも言った。

「うれしかったね。長く留守して、現象を見なかったのがよかったのかもしれません。毎日、幸二の姿を見ていると、つい〝まだ喋《しゃべ》らない〟〝いつ喋るのか〟と思ってしまいますから……」

幸二君は、その後どんどん言葉を覚えていった。「これ、ちょうだい」とか「ありがとう」とか新しい言葉を口にすると、長男と長女は「僕たちが教えたんだよ」と手をたたいて喜んだ。翌年の四月、幸二君は無事に小学校の入学式を迎えた。

「子供の問題は親に原因があることを幸二に教えられました。私は義父や家内のよい点を見ようとしなかった。幸二に対しても、〝この子は喋れない〟と、できないことだけに目がいっていました。でも今は違います。幸二は素直で明るいし、もっともっと伸びていきますよ」

幸二君は現在小学三年生。一昨年には妹も生まれた。三浦さんは、仕事から帰ると、幸二君に今日学校で何があったのかを尋《たず》ねるという。幸二君はその日の出来事をいろいろと話してくれる。三浦さんにとって何より楽しい時間である。

(平成八年三月号　取材／萩原英彦　撮影／遠藤昭彦)

＊見真会＝生長の家の教えを学ぶつどい。
＊教化部＝生長の家の地方における布教、伝道の拠点。巻末の「生長の家教化部一覧」を参照。

娘を奪っていった男を拝めるまで

神奈川県　会社員　小竹茂行《こたけしげゆき》さん（56歳）

二十歳になる娘が、親の反対を押し切って、恋人と同棲《どうせい》を始めた。相手の男性を恨み、失意の底で解決の糸口を求めていたとき、小竹さんは不思議な声を耳にした……。

三月三日、ひな祭りは長女・香苗さんの誕生日――。

幼い頃から元気がよすぎて、周りから「五月の端午の節句のほうがよかったのでは……」とよく冗談を言われた。高校時代は、登校拒否に陥《おちい》った友人を励ますため、毎朝電話をかけ、時には自宅まで迎えに行ったこともあった。

高校卒業後、東京都内の短期大学に進学。様子が変わってきたのは、二年生の夏休み頃だったと、母親の厚子さん（50）は言う。

「服装や化粧が派手になり、帰りも遅くなって、家で食事をしなくなりました。帰ってきても親と目を合わさないし……。つき合っている男の人のせいだと、私は思ったんです」

香苗さんが交際していた男性は高校の同級生で、高校を中退して、部屋の内装をする仕事に就《つ》いていた。

「私も彼に対して、いい印象は持っていなかった。娘の帰りが遅くなったとき、何度か怒ったこともあったのですが……」

四月からの就職先も決まり、短大卒業を間近にひかえた平成元年三月三日、本来なら香苗さんの二十回目の誕生日を祝うはずだった。が、香苗さんは帰宅しなかった。

〝娘さんは出家したのだ〟

「無断で外泊したことなんて一度もなかったのに」

厚子さんが重々しい口調で話す。

「次の日の夜に帰ってきたのですが、問いつめても横を向いて無視するんです……。気が付いたら受話器を握っていました」

厚子さんが電話で相談したのは、前からお世話になっていた生長の家白鳩会*の支部長

「あの頃のことは、いまとなっては笑い話だね」と茂行さんが笑みを向けると香苗さんもニッコリ

だった。

「子どもの問題は夫婦の問題ですよと言われました。そして、車で十分程の所のお宅で、いま誌友会*が開かれているはずだから、すぐにご主人を連れて行きなさいと……」

生長の家に関心のなかった茂行さんは、厚子さんの誘いをはねのけた。しかし娘のため、と説得され、しぶしぶ腰をあげる。

茂行さんは、講師の話に熱心に耳を傾ける参加者たちの後ろに、一人だけぽつんと座った。場違いな所に来たような気がしてならなかった。誌友会が終わったあと、夫妻は、娘のことを講師に相談した。

「そのとき〝あなたなら、自分で解決できるはずだ〟と言われたのを覚えています。どうしたら香苗が彼と別れてくれるか知りたくて相談に来たのに、無責任な、と思いましたよ」

香苗さんが、彼を自宅に連れてきたのは、それから二週間ほど経《た》った時だった。「同《どう》棲《せい》を許してほしい」との二人の申し出に茂行さんは愕然《がくぜん》とした。「結婚するなら許す」と答えたが、結婚は考えていないという。

「そんないい加減な気持ちなら、やめなさい」と茂行さんは断固として反対した。それでも、二人は考えを改めようとしない。話合いにならなかった。

「駆落ちするのに親に了解を得るのもおかしな話だけど、彼なりにわかってもらおうと努力したんでしょうね。でも私には二人の考えが理解できなかった」

娘の話に驚いた厚子さんは、茂行さんに生長の家の練成会*に夫婦揃って参加することを提案した。今度は茂行さんも、すんなりと同意し、夫妻は東京都調布市にある生長の家本部練成道場*に足を運んだ。

「娘のことを話したら、講師に〝娘さんは出家したのと同じだから、小竹家は繁栄しますよ〟と言われたんです。どういう意味なのか分からず、生長の家の教えにそういう話があるのかと思って、勉強してみようという気になったんです」

練成会では先祖供養の大切さも教えられた。練成会から戻ると、茂行さんは、厚子さんと母親のキンさん（81）と三人で、仏壇の前で聖経『甘露の法雨』を読誦するようになる。厚子さんは、「これで娘も良くなるのではないか」と思った。

ところが、その三日後の夜、香苗さんは家を出て行ってしまう。部屋から荷物を運び出し、迎えにきた彼の車に積み込む姿を、茂行さんは黙って見守った。止めてもムダだと思った。荷物は小さな家具三つと衣類を詰めたダンボール箱だけだった。

間違いに気付く

「主人は、さびしいなんて口にしない人なんですが、食事のときなど〝これ香苗が好きだったな〟とかいう言葉がポツリと出たりしていました」

家を出る前、厚子さんが香苗さんから強引に聞き出した住所を頼りに、二人でこっそり住居を見に行ったこともある。

「家内はしばらくして電話をしたようですが、私は一年間、娘と一度も話をしなかった」

厚子さんは、毎朝、近所で開かれている早朝神想観に通うようになった。茂行さんも聖経読誦を続けたが、娘を奪った相手への恨みは消えず、宗教によって問題が解決するとは思っていなかった。

「ただ練成会で聞いた〝娘は出家した〟という言葉が気になって、教えを勉強したいという気持ちは残っていたんです。それにちょうど同じ頃、仕事の方でも壁にぶつかってしまって……」

大手石油会社に勤める茂行さんは、自ら企画した新規事業が暗礁にのりあげ、運営を任せた同僚と意見が衝突していた。

「目の前の壁は、自分の力だけでは、越えられそうにないから、弾《はず》みをつけたいと思ったんです」

茂行さんが、厚子さんと、長崎県にある生長の家総本山*での十日間の練成会に参加したのは、平成二年三月、香苗さんが家を出てから、ちょうど一年後のことだった。

「七日目ぐらいだったかな」

それは、戸外で行なわれた午後の献労《けんろう》*の時間に起こった。

「ツツジを植える作業をしたのですが、場所が谷口雅春先生のお墓の近くで、とても見晴らしがよくてね、休憩時間に、私はみんなから離れて、ひとり海がよく見える所に腰掛けたんです」

空は晴れ渡り、青々と広がる大村湾には空港へ向かう船が浮かんでいた。茂行さんは、小さくなっていく船をぼんやり見送った。数日後には、自分もあの船に乗って帰らなければいけない。でも、そこで待っているのは、大都会の雑踏に、話のわからない同僚、そして娘のいない家……。美しい自然を前にしながら、頭をよぎるのは気が滅入《めい》ることばかり。と、その時だった。

「現象を見るな。実相を見よ！」

真上から厳《おごそ》かな声がした。びっくりして辺りを見回したが、人影はない。不思議に思いながらも、耳に残っていたその言葉に、茂行さんは、思わず〝そうか！〟とうなずいた。

「人間はすばらしい神の子であって、実相は円満完全であることを学んだばかりでしたので、ハッとしましたね。私は、香苗を奪った彼が高校中退だとか、職業がどうだとか、そんなことばかり気にして、実相を見ていなかった。その自分の間違いに気付いたとき、娘の問題を解決できる自信がわいてきたんです」

茂行さんに自信を与えたその声の主は誰だったのか、いまも茂行さんにはわからない。

観方《みかた》を変える

長崎から帰ると、茂行さんは、実相をみる訓練として神想観を始めた。「神の無限の力、自分の中《うち》に流れ入る……」と心のなかで唱え、神と一体である自分を思い浮かべた。茂行さんは、都内まで電車で通勤する間も、目を閉じ、自分が合掌している姿を想像して祈った。

そうして二ヵ月ほど過ぎたときだった。会社では同僚との妥協点が見つけられないいま、事業は滞《とどこお》っていた。その日も終業時刻が過ぎたあと、二時間余り火花を散らしたが、埒《らち》があかず、二人は議論しながら会社を出た。いつもは駅でそっけなく別れるのだが、そのとき茂行さんは、思わず同僚に向かって手を合わせ、拝んだ。同僚はびっくりして、人混みのなかに消えようとする茂行さんを呼び止めた。

「神想観をしていたせいか、ふと合掌してしまったんです。彼が、もう一度話し合おうと言うので、駅前の喫茶店に入ったら、急に意見が合うようになって……翌日からトントン拍子に話が進み、事業は軌道に乗ったんです」

それをきっかけに、茂行さんは娘の問題も解決できる自信を深めた。神想観にも熱がこもり、八月には厚子さんと、原宿にある生長の家本部で開かれている早朝神想観に出席した。そこで、「如意宝珠観《にょいほうじゅかん》」という神想観を習った。肉眼で見える現象世界に惑わされず、如意自在の実相世界に心を振り向ける祈りである。

その祈りの中で、家族の顔を思い浮かべ、「身健《みすこや》かに、心美しく、相形美《すがたかたちうる》わしく、和顔愛語讃歎《わがんあいごさんたん》に満たされたり」と唱えるのだが、茂行さんは香苗さんと同棲中の彼も、家族の中に加えて祈った。

「彼の親まで恨んでいましたからね、〝身健かに……〟と抵抗なく唱えられるようになるまでには時間がかかりました」

以前、生長の家の講師から言われた「あなたなら、自分で解決できる」という言葉が励みになった。解決の兆《きざ》しが見えてきたのは、年が明けた平成三年正月のこと。それまで誘ってもかたくなに会うのを拒んでいた香苗さんが、彼とともに挨拶に来てくれたのだ。茂行さんが彼と会うのは二年ぶりだった。顔を合わせても、憎しみはわいてこなかった。神想観のなかで心に描いていた通り、彼はさわやかな笑顔の好青年に見えた。

その後、一緒に食事をすることも増え、彼も茂行さんに気楽に話しかけてくるようになった。

「話をしてみて、彼に対してずいぶん偏《かたよ》った見方をしていたことを痛感しました。彼だけでなく、私は娘の実相も見ていなかった。本人そっちのけで、勝手に就職の世話をしたり、世間体を優先して、娘を縛っていたんです。娘はその束縛から逃げ出したかったんでしょうね」

お互いが歩み寄ろうという姿勢に変わり、家庭に笑顔が戻ってきた。しかし、茂行さんにとって、二人が結婚もせず同棲のままであることが、どうしても心にひっかかる。神想観も聖経読誦も続けているのに、という思いがあった。翌年の十月になって、茂行さんはようやくその原因に気が付いた。

「祈りの中で、彼を思い浮かべるとき、〝娘と同棲中の……〟と唱えていたんです。これでは同棲を認めていることになる。だから、その部分を〝娘と結婚する予定の……〟と変えたんです」

祈りの言葉を変えて半年後。茂行さんは、彼の口から、待ちに待った言葉を聞いた。

「心配かけて申し訳ありませんでした。香苗さんと結婚させてください」

平成五年九月五日、二人は都内のレストランを借り切って、ささやかな披露宴を催した。茂行さんには、新郎が、とても頼もしく映り、娘は立派な人物を選んだと喜びを新たにした。
「私は娘が家出をしたと思っていましたが、家出という言葉をひっくり返すと、出家なんですね。〝娘は出家した〟と言われたとき、意味が分からなかったけど、ものの観方を逆転する、現象ではなく実相を見なさいということを教えておられたのだと、いまでは理解しています」

（平成七年六月号　取材／萩原英彦　撮影／太田勝久）

＊生長の家白鳩会＝生長の家の女性のための組織。
＊誌友会＝生長の家の聖典や月刊誌をテキストにして教えを学ぶ信徒のつどい。
＊練成会＝合宿して生長の家の教えを学び、実践するつどい。全国各地で毎月行われている。お問い合わせ先は、巻末の「生長の家練成会案内」「生長の家教化部一覧」を参照。
＊生長の家本部練成道場＝巻末の「生長の家練成会案内」を参照。
＊生長の家総本山＝巻末の「生長の家練成会案内」を参照。
＊献労＝感謝の気持ちで行なう掃除や農作業などの勤労奉仕。

問題を起こし続けた息子の姿は親の心を映す鏡だった

宮城県　熊谷正一郎《くまがいしょういちろう》さん（61歳）
澄子《すみこ》さん（58歳）

中学一年の秋から始まった次男の不登校――。夫婦でカウンセリングにも通ったが、効果はなく中学卒業まで続いた。しだいに不良グループに入り、荒んだ生活をするようになっていった息子は、就職と共に落ち着くかに見えた。が、すぐに自室に引きこもる日々へ。やがて五つの病気を併発した……。

息子は、テレビや新聞で騒がれている『不登校』になっているのではないか……」

平成二年、中学校に進学した次男が、学校に行きたくないと言い出したのはその年の秋頃からだった。正一郎さんは、最初はズル休みだろうと思い、無理に学校まで引っ張って行っていたが、〃父親が不登校の息子を殺す〃という新聞記事を見て初めて、息子の抱えている問題の大きさに気づいた。

「宿題を忘れて、夜まで先生にしごかれたことが発端でした。ささいなことから始まった息子の不登校は、しかしそこから大変なことになっていったんです」

流転の日々

正一郎さんは、高清水町で生まれ育ち、当時は地元の農協に勤めていた。同じ地元の澄子さんと昭和四十三年に結婚。以来、二男一女に恵まれ、幸せな家庭を営んでいた。

そこへ突然、次男・智洋《ともひろ》さんの不登校。夫婦は嫌がる智洋さんを無理やりにカウンセリング治療へと連れて行ったが無駄だった。本人の代わりにその後約三年、夫婦でカウンセリングを受け、息子への接し方などを指導されたが、この結果も芳《かんば》しくなかった。

智洋さんは朝までテレビゲームをしたりマンガ本を読みふけるなど、昼夜逆転の生活を送るようになり、中学三年の頃には、不良グループとつるんで毎日のように酒や煙草をのむようになっていった。それでも何とか中学校は卒業できたのだが、行動はますま

毎朝、夫婦で息子のために祈っている。「人間・神の子の教えに日々感動しています」と正一郎さん

すエスカレート、言葉遣いは荒れ、家にも帰ってこなくなり、バイクを盗んで乗り回したりもするようになる。

ある晩、いつものようにやってきたリーダー格の少年に、正一郎さんは見かねて注意した。少年がいきなり掴《つか》みかかってきたので、そのまま乱闘となり、パトカーまで来る大騒ぎになってしまった。しかし、自分のために真剣に戦ってくれた父の姿を見たせいか、智洋さんはそれ以来、そのグループとは付き合わなくなった。

その後、智洋さんは地元の会社に就職し、事態は好転したかに見えた。ところが仕事は続かず、部屋に引きこもるようになった。この後、さらに大きな試練がやってくる。

病気と家出

その頃、澄子さんは生長の家の教えに触れた。きっかけは智洋さんではなく、長女・純子《じゅんこ》さんの病気だった。澄子さんの信仰について、正一郎さんは最初は見て見ぬふりをしていた。だが、「人間の本当の姿は完全円満な神の子であり、現象は心の影として現れているにすぎない」という教えを語り、「本当の姿（実相）」を心で観ずる祈りを実践するうちに明るく変わってきた澄子さんを目にし、次第に病気が癒されていく純子さんを見て、教えに振り向くようになった。

自らも講習会*などに参加して、教えの素晴らしさを実感すると、マンション暮らしの智洋さんに、そっと『生命の實相』という本を一冊ずつ渡すことを始めた。

「智洋はその本を、ひとりになると読んでいたようでした」

平成七年。智洋さんは「歩くと足が痛い。他人と会うのがいやだ」と言って、病院通いを始めた。そして自室に閉じこもり、ゲームやパソコンに明け暮れ、気を紛《まぎ》らすために大量の酒や煙草をのむという生活を続けた。

「それでも、飛田給《とびたきゅう》*の練成会や県内の練成会に行こうというと素直に行く。自宅で開いていた誌友会にも参加するんです。教えには興味があったのでしょうね」

そうして迎えた平成十年。智洋さんは体のあちこちに不調を訴え始めた。病院へ連れて行くと、バセドウ病、尋常性乾癬《かんせん》、十二指腸潰瘍、対人恐怖症に加えて原因不明の咽《いん》頭《とう》の病気と、実に五つもの病名をつけられた。同時に正一郎さんもバセドウ病と診断され、同居の母も脳梗塞《のうこうそく》になり、三人で病院通いをする日々が続いた。

「どうしてこんなことに……」

事態を案じた澄子さんは、本部練成道場で聖経法供養《せいきょうほうくよう》*をしてもらう一方、夫婦揃《そろ》って教えの勉強を重ね、地方講師*の資格も取得したのだった。

しかし状態はさらに悪化した。「二人とも生き方が生長の家らしくないじゃないか!」と、智洋さんが親を裁くような言葉を吐《は》くようになったのだ。

「その頃には智洋は、教えについて私達より詳しくなっていました。講師になったのに家族調和がない、毎日の行《ぎょう》をしていないなど、息子の指摘は正論で……」

そこで正一郎さんは、はたと気付いたのだった。自分たちを磨くために、息子自らが病気になり、苦しんで教えてくれているのではないか。息子の姿は自分たちの心を鏡のように映し出してくれていたのだ。この教えがなかったら、私たち家族はとっくに家庭崩壊していたのではないか……。

ところが、そんな思いをよそに智洋さんに新たな事態が訪れる。平成十二年六月末、十八歳で他界した正一郎さんの実弟の三十三回忌の日のこと。対人恐怖症の智洋さんは、来客の人々と会うのが嫌だと訴え続け、一時ビジネスホテルへ泊まるようにと話し合ったがホテルへは行かなかった。しかし法要が終わった直後から、十日間高熱に苦しみ始めた。夫婦で祈ると熱は引いたのだが、「誰かが肩についている。胸が苦しい。誰かに言わされている」と言い、今度は突然「東京へ行って音楽の道を目指す」と言い出した。そして七月二十四日、「十年間は帰ってこないから」と言い残し、歌を吹き込んだテープや冬物の衣服などをスーツケース五つにつめて、単身で東京へと旅立ってしまった。

祈りは必ず通じる

家を出た当時の智洋さんの言動は常軌《じょうき》を逸《いっ》しているところがあった。わけのわからないことを口ばしり、夫婦を糾弾《きゅうだん》したりといったことが、東京に行く前の三日間続いていたので、正一郎さんと澄子さんは、東京に行った息子が心配でならなかった。

「もう、息子の実相を祈るしかない。神様に全托《ぜんたく》するしかない」

そう決意した二人は、先祖供養と聖経読誦《とくじゅ》を熱心に行なった。正一郎さんと澄子さんは、暇《ひま》さえあれば二人揃って聖経を誦《あ》げ、智洋さんのために「千巻読誦」を始めた。息子の現象的な姿の奥にある「完全円満なすがた」を信じ、心で観じるようにした。

すると、真夜中に毎晩のように「金を送れ！　足ることが分かったか」と責めるような電話ばかりかけてきていた智洋さんが、八月二十四日のこと、落ち着きを取り戻した声で「アパートを借りた」と報告してきたのだ。

そして九月に入ると、「音楽をするにしても、まずは生計を立てなければならないから、焼きイモ屋を始めることにしました」という電話が入った。どんな生活をしているのだろうと心配になった夫婦は十月、息子の住むアパートへと車を走らせた。

「別人のように逞《たくま》しく成長した息子が、満面の笑みを浮かべて途中まで迎えに来てくれました」

アパートの部屋には、テレビもゲームもマンガもなかった。酒も煙草も「ぜいたくだから。体に悪いから」とやめていた。そして何よりも驚いたのは、二十歳から抱えていた五つの病気がすべて消えていたことだった。皮膚もきれいになり、話をしているうちに対人恐怖症も克服したことを知った。

「本当に今まで、申し訳ありませんでした」と、質素なアパートの部屋で智洋さんは涙を流し、二人に深々と頭を下げた。「人と話をするのが楽しい。感謝の生活をしている」

とニコニコと語り、そして二人のために、焼きイモを作ってくれたのだった。それは、どんなものよりおいしかったと正一郎さんは言う。

「帰るとき、息子がずっと私たちに頭を下げている姿が、車のバックミラーに映っていましてね。こちらが磨かれる思いでした」

現在も智洋さんは、東京郊外に暮らし、焼きイモ屋をしながら、音楽のオーディションを受け続けている。そんな息子の夢が叶《かな》うようにと、正一郎さんと澄子さんは、今日も二人揃って祈っている。

「祈りは必ず届く。そう教えてくれたのは、智洋だったんです」

(平成十三年六月号　取材／和場まさみ　撮影／田中誠一)

＊講習会＝生長の家総裁、副総裁が直接指導する生長の家講習会。現在は、谷口雅宣副総裁が直接指導に当たっている。

＊飛田給＝東京都調布市飛田給にある生長の家本部練成道場。巻末の「生長の家練成会案内」を参照。

＊聖経法供養＝生長の家本部練成道場で行なわれている神癒祈願（神から癒されることを祈ってもらうこと）の一つ。指定の用紙に祈願してほしい人の写真を貼って申し込むと、それに対して生長の家のお経『甘露の法雨』が毎日読誦される。

＊地方講師＝生長の家の教えを居住地で伝えるボランティアの講師。

わが子にもよその子にも愛情の目をそそいで

北海道　消防署勤務　松浦《まつうら》　孝之《たかゆき》さん（44歳）
みゆきさん（42歳）

中学生の女の子と小学生の男の子を持つ松浦孝之夫妻。小樽市郊外の海岸近くで伸び伸びとした生活を送っているが、それでも子育てには色々な出来事が起こってくる。そのたびに、子供と親がともに成長する機会と捉《とら》えて明るい家庭を作ってきた。

叔父の紹介で出会った二人は昭和五十八年に結婚した。二十六歳と二十五歳の時だった。

二十歳で生長の家の教えに触れた妻のみゆきさんが、孝之さんに信仰を勧《すす》め、孝之さんは妻への付き合いで生長の家の行事には参加しても、「僕は強い人間だから、信仰は必要ない。祈りなどというあやふやなものに頼るべきではない」とはじめの頃は振り向かなかった。が、みゆきさんの祈りによって、希望通りの家が手に入ったりして、祈りの確かな力を認めざるを得なくなっていた。

そんな平成元年、孝之さんはひどいジンマシンになり、体中に発疹《ほっしん》ができて、かゆくて夜も眠れなくなった。医師に渡された薬を飲んでもその場の効き目しかなかった。

そんなとき、生長の家小樽教化部に勤務する男性が「僕も付き合うから、教化部の早朝行事に行かないか。きっと治るよ」と孝之さんを誘い出した。それ以来一ヵ月間、夜勤の日を除いて通ったのだった。

早朝行事で「人間は肉体ではなく、生き通しの生命。人間の本当の姿（実相）は、神によって造られた完全円満なもの、病など不完全な現象は本来ない」という祈りを続けているうちに、ある日、気が付くとジンマシンが消えてしまっていた。

この体験から「目に見えない世界こそ素晴らしい。本物なのだ」と分かった。以来、夫婦で生長の家の行事に参加し、毎日二人で神想観や聖経読誦をするようになった。

両親のこうした姿を見て育った長女の由佳《ゆか》さん（銭函中学校三年）と長男の祐大《ゆうた》君

（銭函小学校四年生）は、自然に両親とともに生長の家の教えを実践するようになった。小さい頃から生長の家の日曜学校である生命学園に通い、春、夏、冬の休みに行なわれる小・中学生の練成会にも、喜んで欠かさず参加してきた。

「家では生長の家の教えを語り合っています。子供たちは食事の時などごく自然に『お父さん、お母さん、ありがとうございます。いただきます』と言って箸《はし》を取っています」

と孝之さんは話す。

「お父さんお母さんに叱《しか》られることがあっても、やっぱり感謝しなければいけないなと思います」と言う由佳さんは、現在、小樽教化部で開かれている中学生の集いである「ジュニア友の会」の事務局長として、中学生の仲間とともに活躍している。

また祐大君も練成会が大好きで、地元の少年野球チームでも日々練習する少年だ。

父の一喝

その祐大君が、二年生の六月、ふとした事から不登校になったことがあったが、松浦夫妻は父と母の役割をそれぞれ見事に果たして、ピンチを切り抜けた。

子供とのスキンシップを大切にしてきた松浦さん夫妻。「生長の家の教育法は、子供も大人も幸せにしますね」（自宅のブドウ棚で）

不登校になった原因は、クラスみんなの前で食べ物を吐《は》いたという些細《ささい》な事だった。とはいえ、きれい好きで、汚れた服で家に入ってくるのを嫌っていたみゆきさんを知っている祐大君にとっては、学校がイヤになるほどの大ショックだった。

学校に行きたがらない祐大君に、先生の勧めで、みゆきさんは毎日一緒に教室に通い、一番後ろで子供たちの授業を見学した。

すると、まだ甘えたい子供たちは、「松浦君のおばちゃん、抱っこして」「おんぶして」とせがむのだった。「あぁ、子供たちは愛を求めているのだなぁと思いました。我が子だけでなく、子供はどの子もみんな素晴らしいし、可愛らしいと思いましたね。終りの頃にはクラス三十数人の子供たちの顔と名前、得意なものまで全部覚えてしまいました」と笑う。

しかし夏休みが明けて、今日から二学期という朝、やはり祐大君は学校へ行きたがらなかった。すると、それまで何も言わずじっと見守っていた父親の孝之さんが、祐大君がぐずっている玄関へ出て来て、初めて祐大君を一喝した。

「今日から学校へ行くんだ！　お父さんだって、職場に行きたくない時もあるけど、行く。学校という所は、行きたくなくても行くものなんだ！　絶対にお父さんは許さないぞ！　行くんだ！」

みゆきさんがハラハラするほどの大声だった。初めて大きな声を上げて叱《しか》った父の姿を見て、祐大君は一人で登校した。そして次の日から、元気に学校へ行くようになった。

「私自身、保育園に通っていたころ先生に叱られて、絶対に行かないと、両親に駄々《だだ》をこねた時期がありましてね。かつての自分を見ているようでした（笑）。やはり時機を見て叱ったのが良かったんでしょうか」と孝之さん。

みゆきさんも「何で主人が黙っているのか不思議だったんですけど、やはり時機を見ていてくれたんだなと思いました。父親の力は凄《すご》いなと思いましたね」と語る。

みゆきさんは現在、小樽の生命学園の副園長であり、一方、小・中学生練成会のお世話もしている。

「両親が離婚して、母親がいなくなったために心を閉ざし、暗い顔をしていたきょうだいがいました。生長の家の信徒さんが世話して、その中の小学生の子を練成会に参加させたところ、だんだん明るくなり、小学校一年生の妹も『お母さんがいなくても私たちは明るく生きて行かないといけないよね』と言うようになったんです」

みゆきさんが、その子供たちに「お母さんは絶対にあなたたちの事を忘れてはいないのよ。お父さん、お母さんには感謝しなければいけないの」と言うと、「うん！」と明るく答え、色々な事を報告してくれるようになった。

子供たちのそんな姿を見るたびに、生長の家の教えは素晴らしいと実感するというみゆきさん。

「主人は子供たちのいのちの深い所を観《み》ていると言うか、懐《ふところ》が深くて、いざという時、本当に頼り甲斐《がい》のある人です」

孝之さんも「家内は何事もよく祈って行動しています。それに、すぐに良い事を実践するところは、なかなか素晴らしいと思いますね」と語る。

一家四人は、平成十一年の生長の家講習会で体験発表したが、祐大君はその中で「生命学園や練成会では、日本の国の素晴らしさ、いのちの大切さ、お父さん、お母さんに感謝する事など、とても大事な事を教えてもらっています」と述べ、由佳さんも、良い言葉を使う事の大切さを述べて、参加者に感銘を与えた。

立派な日本人になるために

小樽教区の責任者として練成会を指導している目等泰夫《めらやすお》・教化部長*は、子供たちにこう語り掛けている。

「神の恵みを沢山《たくさん》頂いている皆さんは『私は神の子で運がイイ』と学びました。お父さん、お母さん、ご先祖様に感謝できる子は幸せで、運が素晴らしく良いのです。さらに友だちに深切《しんせつ》にできる子や天皇様に感謝できる子は将来、『立派な日本人となって世界に役立つ大人』に必ずなります。小学生、中学生の皆さんは、今は将来立派な日本人になる訓練中です。立派な日本人になってこそ、世界のお役に立つ人になれます」

我が子だけでなく、どの子にも目を向け、愛情を注ぎながら、正しく導いて行く松浦さん夫妻のような大人が増える時、幸せな子供たちが増えて行くに違いない。

(平成十二年十二月号　取材／小林陽子　撮影／加藤正道)

*教化部長＝生長の家の各教区の責任者。

教化部名	所　在　地	電話番号	FAX番号
静岡県	〒432-8011　浜松市城北2-8-14	053-471-7193	053-471-7195
愛知県	〒460-0011　名古屋市中区大須4-15-53	052-262-7761	052-262-7751
岐阜県	〒500-8824　岐阜市北八ッ寺町1	058-265-7131	058-267-1151
三重県	〒514-0034　津市南丸之内9-15	059-224-1177	059-224-0933
滋賀県	〒527-0034　八日市市沖野1-4-28	0748-22-1388	0748-24-2141
京　都	〒606-8332　京都市左京区岡崎東天王町31	075-761-1313	075-761-3276
両丹道場	〒625-0081　舞鶴市北吸497	0773-62-1443	0773-63-7861
奈良県	〒639-1016　大和郡山市城南町2-35	0743-53-0518	0743-54-5210
大　阪	〒543-0001　大阪市天王寺区上本町5-6-15	06-6761-2906	06-6768-6385
和歌山県	〒641-0051　和歌山市西高松1-3-5	073-436-7220	073-436-7267
兵庫県	〒650-0016　神戸市中央区橘通2-3-15	078-341-3921	078-371-5688
岡山県	〒703-8256　岡山市浜1-14-6	086-272-3281	086-273-3581
広島県	〒732-0057　広島市東区二葉の里2-6-27	082-264-1366	082-263-5396
鳥取県	〒682-0022　倉吉市上井町1-251	0858-26-2477	0858-26-6919
島根県	〒693-0004　出雲市渡橋町542-12	0853-22-5331	0853-23-3107
山口県	〒754-1252　吉敷郡阿知須町字大平山1134	0836-65-5969	0836-65-5954
香川県	〒761-0104　高松市高松町1557-34	087-841-1241	087-843-3891
愛媛県	〒791-1112　松山市南高井町1744-1	089-976-2131	089-976-4188
徳島県	〒770-8072　徳島市八万町中津浦229-1	088-625-2611	088-625-2606
高知県	〒780-0862　高知市鷹匠町2-1-2	088-822-4178	088-822-4143
福岡県	〒818-0105　太宰府市都府楼南5-1-1	092-921-1414	092-921-1523
大分県	〒870-0047　大分市中島西1-8-18	097-534-4896	097-534-6347
佐賀県	〒840-0811　佐賀市大財4-5-6	0952-23-7358	0952-23-7505
長　崎	〒852-8017　長崎市岩見町8-1	095-862-1150	095-862-0054
佐世保	〒857-0027　佐世保市谷郷町12-21	0956-22-6474	0956-22-4758
熊本県	〒860-0032　熊本市万町2-30	096-353-5853	096-354-7050
宮崎県	〒889-2162　宮崎市青島1-8-5	0985-65-2150	0985-55-4930
鹿児島県	〒892-0846　鹿児島市加治屋町2-2	099-224-4088	099-224-4089
沖縄県	〒900-0012　那覇市泊1-11-4	098-867-3531	098-868-8807

●生長の家教化部一覧

教化部名	所　在　地	電話番号	FAX番号
札　幌	〒064-0804　札幌市中央区南4条西20-1-21	011-561-1603	011-561-1613
小　樽	〒047-0033　小樽市富岡2-10-25	0134-34-1717	0134-34-1550
室　蘭	〒050-0082　室蘭市寿町2-15-4	0143-46-3013	0143-43-0496
函　館	〒040-0033　函館市千歳町19-3	0138-22-7171	0138-22-4451
旭　川	〒070-0810　旭川市本町1-2518-1	0166-51-2352	0166-53-1215
空　知	〒073-0031　滝川市栄町4-8-2	0125-24-6282	0125-22-7752
釧　路	〒085-0832　釧路市富士見3-11-24	0154-44-2521	0154-44-2523
北　見	〒099-0878　北見市東相内町584-4	0157-36-0293	0157-36-0295
帯　広	〒080-0802　帯広市東2条南27-1-20	0155-24-7533	0155-24-7544
青森県	〒030-0812　青森市堤町2-6-13	017-734-1680	017-723-4148
秋田県	〒010-0023　秋田市楢山本町2-18	018-834-3255	018-834-3383
岩手県	〒020-0066　盛岡市上田1-14-1	019-654-7381	019-623-3715
山形県	〒990-0021　山形市小白川町5-29-1	023-641-5191	023-641-5148
宮城県	〒981-1105　仙台市太白区西中田5-17-53	022-242-5421	022-242-5429
福島県	〒963-8006　郡山市赤木町11-6	024-922-2767	024-938-3416
茨城県	〒312-0031　ひたちなか市後台字片岡421-2	029-273-2446	029-273-2429
栃木県	〒321-0933　宇都宮市簗瀬町字桶内159-3	028-633-7976	028-633-7999
群馬県	〒370-0801　高崎市上並榎町455-1	027-361-2772	027-363-9267
埼玉県	〒336-0923　さいたま市大字大間木字会ノ谷483-1	048-874-5477	048-874-7441
千葉県	〒260-0032　千葉市中央区登戸3-1-31	043-241-0843	043-246-9327
神奈川県	〒246-0031　横浜市瀬谷区瀬谷3-9-1	045-301-2901	045-303-6695
東京第一	〒112-0012　文京区大塚5-31-12	03-5319-4051	03-5319-4061
東京第二	〒183-0042　府中市武蔵台3-4-1	042-574-0641	042-574-0055
山梨県	〒406-0032　東八代郡石和町四日市場1592-3	055-262-9601	055-262-9601
長野県	〒390-0862　松本市宮渕3-7-35	0263-34-2627	0263-34-2626
長　岡	〒940-0853　長岡市中沢3-364-1	0258-32-8388	0258-32-7674
新　潟	〒951-8133　新潟市川岸町3-17-30	025-231-3161	025-231-3164
富山県	〒930-0103　富山市北代6888-1	076-434-2667	076-434-1943
石川県	〒920-0022　金沢市北安江1-5-12	076-223-5421	076-224-0865
福井県	〒918-8057　福井市加茂河原1-5-10	0776-35-1555	0776-35-4895

●生長の家練成会案内

総本山……長崎県西彼杵郡西彼町喰場郷1567　☎0959-27-1155

　＊龍宮住吉本宮練成会……毎月１日～７日（1月を除く）

　＊龍宮住吉本宮境内地献労練成会……毎月７日～10日（5月を除く）

本部練成道場……東京都調布市飛田給2-3-1　☎0424-84-1122

　＊一般練成会……毎月１日～10日

　＊短期練成会……毎月第三週の木～日曜日

　＊光明実践練成会……毎月第二週の金～日曜日

　＊経営トップセミナー、能力開発セミナー……（問い合わせのこと）

宇治別格本山……京都府宇治市宇治塔の川32　☎0774-21-2153

　＊一般練成会……毎月10日～20日

　＊神の子を自覚する練成会……毎月月末日～５日

　＊伝道実践者養成練成会……毎月20日～22日（11月を除く）

　＊能力開発研修会……1・2・4・7・10月の21日～25日

富士河口湖練成道場……山梨県南都留郡河口湖町船津5088　☎0555-72-1207

　＊一般練成会……毎月10日～20日

　＊短期練成会……毎月月末日～３日

　＊能力開発繁栄研修会……（問い合わせのこと）

ゆには練成道場……福岡県太宰府市都府楼南5-1-1　☎092-921-1417

　＊一般練成会……毎月13日～20日

　＊短期練成会……毎月25日～27日（12月を除く）

松陰練成道場……山口県吉敷郡阿知須町大平山1134　☎0836-65-2195

　＊一般練成会……毎月15日～21日

　＊伝道実践者養成練成会……（問い合わせのこと）

○奉納金・持参品・日程変更詳細は各道場へお問い合わせください。

○各教区でも練成会が開催されています。詳しくは各教化部にお問い合わせください。

○海外は「北米練成道場」「ハワイ練成道場」「南米練成道場」等があります。

生長の家本部　〒150-8672　東京都渋谷区神宮前1-23-30　☎03-3401-0131　FAX03-3401-3596